The Milk Underground

By Ronny Someck

Ronny Someck

THE MILK UNDERGROUND

Translated by
Hana Inbar & Robert Manaster

White Pine Press / Buffalo, New York

White Pine Press
P.O. Box 236
Buffalo, New York 14201
www.whitepine.org

Publication of this book was made possible, in part, by grants
from the Cliff Becker Endowment for the Literary Arts, the
Creative Writing Program at the University of Missouri; and
with public funds from the New York State Council on the
Arts, a State Agency.

State of the Arts

NYSCA

Cover image: by Ronny Someck
First Edition.
ISBN: 978-1-935210-72-6
Printed and bound in the United States of America.
Library of Congress Number: 2014960005

Acknowledgments

This manuscript is a translation of *The Milk Underground* (Kinneret, Zmora-Bitan, Dvir—Publishing House Ltd. 2005). Mr. Someck has given us permission to translate and publish his poems. We would like to express our gratitude to the following publications in which these poems or earlier versions of them first appeared:

Challenge: "The Milk Underground"
CIRCUMFERENCE: "Corks"
The Dirty Goat: "A Love Poem for Wisława Szymborska," "John Doe," "Tel Aviv at Night" and "Alcoholic Alphabet"
Hayden's Ferry Review: "Beaten," "A Footnote to a Pedagogical Poem" and "San Francisco: A Sonnet on a City Left Without Locks"
Image: A Journal of the Arts and Religion: "Abraham on the Way to the Sacrifice" and "Ararat Express"
Mima'amakim: "Courting," "40" and "That"
Sunday Observer: "One-Man Mafia" and "A Sprinkler" (reprinted)
Two Lines (20th Anniversary Edition): "Transparent"
Virginia Quarterly Review: "César Vallejo or 12 Lines on the Bread of Shame"
Visions-International: "One-Man Mafia" and "A Sprinkler"
Zeek: A Jewish Journal of Thought and Culture: "Biting into Her Beauty" and "Guillotine (or In Regards to a Young Poet)"
Zoland Poetry: "Butterflies from Monte San Savino" and "Barcelona: A Bird on Balcony's Railing"

"Baghdad" is included in *Sha'ar 2007, International Poetry Festival, Poets and Poems* (Israel: Helicon, 2007), 49. "A Patriotic Poem" is included in *The Houses at Home Live in Apartments* (Israel: Petach-Tikva Museum of Art, 2008), 123–124.

לליאורה ושירלי

ממטרה

הָאַהֲבָה פּוֹרֶצֶת בְּקִלּוּחִים דַּקִּים
מִנִּקְבֵי הַמַּמְטֵרָה.
גַּם אֲנַחְנוּ כְּמוֹ לְחִי הָאֲדָמָה
צְמֵאִים לִנְשִׁיקַת הַמַּיִם.

A Sprinkler

For Liora and Shirley

Love bursts out in thin streams
    From the pores of the sprinkler.
We too are like the earth's cheek
    Thirsty for the kiss of water.

Contents

Introduction: The Pajama-Iraqi Israeli Poet   10

A Patriotic Poem   15
40   17
Courting   19
4 Pieces of Advice for a Dancing Girl   21
A Fifth Piece of Advice for a Dancing Girl   23
Corks   25
Stupid Beauty   27
In Front of Aphrodite   29
One-Man Mafia   31
Alcoholic Alphabet   33
A Footnote to a Pedagogical Poem   35
Kitchen Sink Drama   37
December 28   39
Ararat Express   41
Transparent   43
That   45
Abraham on the Way to the Sacrifice   47
Biting into Her Beauty   49
John Doe   51
The Milk Underground   53
Mr. Auschwitz   55
Beaten   57
Guillotine (or In Regards to a Young Poet)   59
César Vallejo or 12 Lines on the Bread of Shame   61
A Love Poem for Wisława Szymborska   63

Field Sentences: Nature Poems
Five Cypresses   67
Butterflies from Monte San Savino   69

Blackbird   71

Two Blackbirds   73

Beneath the Etna Volcano and a Meditation on God
    as the Greatest Erotic Director   75

Street Sentences: City Poems

Baghdad   79

Katmandu: Above the Rice Fields   81

Barcelona: A Bird on Balcony's Railing   83

San Francisco: A Sonnet on a City Left Without Locks   85

Tel Aviv at Night   87

About the Author and Translators   89

The Pajama-Iraqi Israeli Poet

The poems throughout *The Milk Underground* give a cohesive voice to Ronny Someck's oeuvre in Israeli poetry. He is a bridge builder. He is of the East as well as West. In an interview he explains, "I'm not looking for roots. I never lost them. Baghdad is the East and it is planted in the garden of the mind next to the tree of the West. Two trees that are two languages, which the mixer of my mouth has turned into one language."[1]

Born in 1951 Someck and his family emigrated from Iraq to Israel in the early '50's as part of second generation Mizrahim (Jews from Africa and Asia—the "East"). His family settled in an immigrant camp on the periphery of Israeli society. Like many Mizrahim, Someck never forgot his own particular culture and customs. To succeed in Israeli society, though, often meant to sacrifice a peripheral identity in the process of learning Hebrew and assimilating.

Someck, however, never gave up his identity. In the literary world of modern Israel, "he assembled his Mizrahiness on the huge wave of pop culture that lifted its head and swept the world beginning in the nineteen sixties ..."[2] Prior to this time, the Ashkenazim (Jews of European descent—the "West") dominated.

> Israeli poetry, like the Zionist poetry that preceded it, was born as Ashkenazi poetry. Everyone, from Bialik and Rachel to Uri Tzvi Greenberg and Alterman through Amichai, Avidan, Ravikovitch, or Wallach, was Ashkenazi. One of the first to break through that barrier and achieve great success as an Israeli poet is Ronny Someck ...[3]

Ever since his first book, *Exile*, in 1976, Someck has been writing his way into the Israeli literary establishment—not by challenging the establishment but by joining his way of language into it. Mizrahi poetry tends to be divided into two paths:

---

[1] Ronny Someck. "Kesheh Beegee Pagash et Umm: Shnaim Asar Hirhurim al Mizrah Umaarav" ("When B.G. Met Umm: 12 Reflections on East and West"). *Kolot Mizrahim: Likrat Siach Mizrahi Hadash al Hahevra Vehatarbut Beisrael (Eastern Voices: Towards a New Mizrahi Discourse on Society and Culture in Israel)*. Guy Abutbul, Lev Greenberg, and Penina Mutzafi-Haler, (Eds). (Tel Aviv: Masada, 2005), 54–60.

[2] Eli Hirsch, *Ronny Someck, Algir, Yediot Ahronot. Shiva Yamim* (Seven Days) Supplement. 17.4.09 (translated by Hannah Adelman Komy Ofir)

[3] Ibid.

... either suppressing or softening the tension between the Mizrahi and Ashkenazi in Israeli poetry, or sharpening and highlighting it. Someck knew how do both of these things at once. He dissolved the pain and challenges that permeated his poetry into a glowing foam of pop images, but the pain did not disappear; thanks to the wonderful, soft, gentle, frothy Someck touch, almost waning, it infiltrates, light and dark together, into the bloodstream of Israeli poetry"[4]

At the beginning of *The Milk Underground* in "A Patriotic Poem," Someck proclaims, "I'm a pajama-Iraqi." Immediately, he puts forth the defining qualities in his poetry—actually in his life. Someck the Israeli poet is an Iraqi—as non-threatening as possible being in his pajamas!—a Mizrahi, an immigrant Jew. While certainly in this first poem Someck is referring to patriotism in the usual political sense—that of an allegiance to one's country—the poem itself recasts a political stance into a personal one. Though connected to Israel—as he so sensually brings out in the last poem of this book, "Tel Aviv at Night"—Someck is first and foremost in exile as an Iraqi Jew. His allegiance—or connection really—is with his family and broadly to the world connected with his family. As this poem tumbles forward, his allegiance/connection is to the literary world. Here the East and the biblical past broaden to "we," who are "fired workers taken off the tower." This collective "we" meets the West via the Don Quixote myth. Ultimately, this connection keeps broadening. Humanity is all "shooting for gleaming stars" in this "Milky Way" universe.

Someck's poetry emphasizes connection. His poetry breaks down barriers. His lines seem quick and seem to tumble forward without stopping. That kind of energy continues throughout this collection as he travels the world in his poems from Italy to Tibet to San Francisco. He connects with other artists and figures—from Charlie Chaplin to Aphrodite to Wisława Szymborska.

The poetry in this collection ranges from high-literary allusions to street-life experience. His work is one of juxtapositions between "high" and "low" culture, East and West, the sweet and violent, mythical and pop culture, artificial and natural. He does so not only by image (as in "Blackbird") but also by other means, such as by theme ("The Milk Underground"), wit ("Guillotine (or In Regards to a Young Poet)"), and language ("John Doe"). In the latter poem, for instance, he starts out

---

[4] Ibid.

in his mild voice. Then he inserts a police bulletin with its jarring language and jagged rhythms. He ends this poem by using higher literary language, one of the few times he does so in this book.

Someck pulls serious subjects down to earth. He's self-effacing and witty. His language is plain-spoken with usually little or no rhyme. His rhythms are direct and bold as opposed to nuanced. Of course, behind this directness we've always found play and subtlety in language, metaphor and theme. His voice is one of genuine empathy, humility, and wonder for the world.

As an example of Someck's skill in Hebrew and his bridge building in the literary realm, as well as the challenges we faced in translating, take the poem "Transparent." There were a few main challenges in translating this poem. One is a common one for translators: How to depict cultural cues. What the Israeli, Hebrew reader assumes is what the English reader perhaps does not fully understand. What does the name "Tayeb" signify? What common English word signifies something a student would carry books in and can be transparent? Who's Mahmoud Darwish? What's the tone and significance of *inshallah*? What does a "black flag" (or "banner") on a beach mean to an Israeli? We consciously chose not to add footnotes or to signify somehow these cultural cues in the English translation. Rather, we chose to leave these cultural cues as they are—in essence, as allusions, adding depth to the poem. The poem itself, we felt, remains comprehensible. The unique challenge in this poem's translation, we think, was to bring out the poem's major strength: the original poetic drift of the Hebrew. Someck's Hebrew in the poem mirrors what his subject Tayeb enacts in his own language. In other words, Tayeb uses colloquial Arabic when at the market and literary Arabic when writing about it. Someck mirrors this language pattern. At the beginning, he uses more colloquial language, but as we get further into the poem, as we (and Someck) distance ourselves from the situation he sets up (a sympathetic Arab-Israeli student of literature living amidst violence and bomb threats), the language in the poem drifts. A more literary turn starts at *inshallah* and the ensuing personification. The end of the poem in the Hebrew, and, we hope, in the English, accumulates complex syntax. It furthers itself away from the Arab (and Israeli) marketplace, where colloquial language is used, and arrives in the literary realm of metaphor (high-culture), with its more complicated lines. Ultimately, in this mirroring and at this literary distance, we hope this translation enacts what the Hebrew does: the possibility of connection between different cultures rather than antagonistic and resigned separation that is all too common in Israel.

Not only does Someck's poetry build bridges between different cultures as well as between the tremendous diversities and interrelationships amid the Mizrahim and Ashkenazim, he also connects to other arts forms. He's had his poems in visual arts exhibitions (he's a painter as well). He's had other artists set music to his poems. And he even has shared his poems by letting them being inscribed on garbage trucks. He appears on television and radio and at numerous festivals. He's a tireless advocate of all the arts. It's no surprise to us he's one of Israel's more popular and significant poets, publishing over ten collections of poetry and winning numerous awards. His art and advocacy do not end in Israel either. He's been translated into forty-one languages and his poetry has been published in seventeen countries. He is an internationalist.

At the same time, he is at home in Israel. The poems in this book ground him as an Israeli poet. They take us on a personal journey starting with his family at its inscription. From a "pajama-Iraqi" to being in "Tel Aviv at Night," which is the main city associated with Israel's literary scene. In Tel Aviv, he welcomes and is welcomed not as in the American metaphor of a "melting pot" but as in an Israeli metaphor where he invites us along with him: "Let's glide into dance / Into the same frying pan glaze, / And in this oil fry another phrase."

—*Robert Manaster and Hana Inbar*

שיר פטריוטי

אֲנִי עִירָקִי־פִּיגָ'מָה, אִשְׁתִּי רוֹמָנִיָּה
וְהַבַּת שֶׁלָּנוּ הִיא הַגַּנָּב מִבַּגְדָד.
אִמָּא שֶׁלִּי מַמְשִׁיכָה לְהַרְתִּיחַ אֶת הַפָּרָת וְהַחִדֶּקֶל,
אֲחוֹתִי לָמְדָה לְהָכִין פִּירוּשְׁקִי מֵאִמּוֹ הָרוּסִיָּה
שֶׁל בַּעֲלָהּ.
הֶחָבֵר שֶׁלָּנוּ, מָרוֹקוֹ־סַכִּין, תּוֹקֵעַ מַזְלֵג
מִפְּלָדָה אַנְגְּלִית בְּדָג שֶׁנּוֹלַד בְּחוֹפֵי נוֹרְבֶגְיָה.
כֻּלָּנוּ פּוֹעֲלִים מְפֻטָּרִים שֶׁהוּרְדוּ מִפִּגּוּמֵי הַמִּגְדָּל
שֶׁרָצִינוּ לִבְנוֹת בְּבָבֶל.
כֻּלָּנוּ חֲנִיתוֹת חֲלֻדּוֹת שֶׁדּוֹן קִישׁוֹט הֵעִיף
עַל טַחֲנוֹת הָרוּחַ.
כֻּלָּנוּ עֲדַיִן יוֹרִים בְּכוֹכָבִים מְסַנְוְרֵי עֵינַיִם
רֶגַע לִפְנֵי שֶׁהֵם נִבְלָעִים
בִּשְׁבִיל הֶחָלָב.

A Patriotic Poem

I'm a Pajama-Iraqi, my wife's Romanian
And our daughter the thief from Baghdad.
My mother's always boiling the Euphrates and Tigris,
My sister learned to make *Perushki* from her Russian
Mother-in-law.
Our friend, Morocco the Knife, stabs
Fish from the shores of Norway
With a fork of English steel.
We're all fired workers taken off the tower
We were building in Babylon.
We're all rusty spears Don Quixote thrust
At windmills.
We're all still shooting at gleaming stars
A minute before they're swallowed
By the Milky Way.

40

אַרְבָּעִים שָׁנָה מַפְרִידוֹת בֵּינִי לְבֵינָהּ.
יָכֹלְתִּי לָלֶכֶת בַּמִּדְבָּר,
לְהִתְגַּעְגֵּעַ לְסִיר הַבָּשָׂר,
לֶאֱכֹל שְׁלָו שֶׁהִפִּיל אֱלֹהִים
מִן הָעֲנָנִים.
יָכֹלְתִּי לַעֲבֹר לְיַד הַר נְבוֹ,
לִהְיוֹת מְרַגֵּל,
לִרְאוֹת זוֹנָה בִּירִיחוֹ.
וְתַּרְתִּי עַל הַכֹּל בִּשְׁבִיל הַמִּלְחָמָה
בָּהּ הַשָּׁלָל הָיָה הַמִּלָּה "אַבָּא".

40

Forty years separate me from her.
I could've wandered the desert,
Craved the fleshpot,
Eaten quail God dropped
From the clouds.
I could've passed by Mount Nebo,
Been a spy,
Seen a whore in Jericho.
I gave it all up for the war
In which the spoils was the word "Daddy."

חיזור

י' מְבַקֵּשׁ מִבִּתִּי חֲבֵרוּת. הִיא בַּת תֵּשַׁע וָחֵצִי.
הוּא חָדְשַׁיִם יוֹתֵר. בְּיַחַד זֶהוּ גִּיל שֶׁמְּשׁוֹרֵר
כְּמוֹ זַ'ק פְּרֶוֶר כִּבָּה לִכְבוֹדוֹ אֶת אוֹרוֹת פָּרִיז.
אֲבָל כָּאן, בְּרָמַת־גַּן, הַסּוֹלְלוֹת בְּקֹשִׁי מַסְפִּיקוֹת
לְגַב שֶׁל גַּחְלִילִית הַמְּאִירָה לְבָבוֹת מְצֻיָּרִים
בְּקָצֵהוּ שֶׁל דַּף תָּלוּשׁ.
אָז הִנֵּה אַתְּ, תְּמִימוּת, שַׂקִּית סֻכָּר הַנִּקְרַעַת
לְהִתְפַּזֵּר עַל בָּצֵק גָּנוּב, לָלוּשׁ
בְּאֶצְבָּעוֹת דְּבִיקוֹת עוּגָה
הַמַּמְתִּיקָה מִדַּף חָדָשׁ
בַּקּוֹנְדִּיטוֹרְיָה שֶׁל הַגּוּף.

Courting

Y. is asking my daughter to go steady. She's nine and a half.
He's two months older. Together, this is the age
For which a poet like Jacques Prévert
Blew out the lights of Paris.
But here, in Ramat Gan, batteries are hardly enough
For the back of a firefly illuminating
Hearts drawn at the edge
Of a loose-leaf page.
So here you are, Innocence, a torn sugar packet
To be sprinkled on stolen dough,
With which sticky fingers will knead a cake
Sweetening a new shelf
On the pastry shop of the body.

4 עצות לילדה רוקדת

רִקְדִי כְּאִלּוּ אַף אֶחָד לֹא
מִסְתַּכֵּל עָלַיִךְ,
הֲיִי פִּיקָסוֹ הַמֵּנִיף מִבַּד הַגּוּף
כְּתֵפַיִם וְיָדַיִם,
תְּנִי לְמִכְחוֹל הָאֵשׁ לְהַשְׁחִיר
גֶּחָלִים בָּעֵינַיִם
וְזִכְרִי שֶׁמֵּרֶגַע לֵדָתֵךְ אֲנִי עוֹקֵר
מַרְצָפוֹת בּוֹעֲרוֹת מִתַּחַת לְכַפּוֹת רַגְלַיִךְ.

4 Pieces of Advice for a Dancing Girl

Dance as if no one
Is looking at you,
Be a Picasso lifting from the body's canvas
Shoulders and hands.
Let the fire-brush blacken
Charcoal burning in the eyes.
And remember that from the moment of your birth, I'm ripping out
Tiles burning beneath your feet.

עצה חמישית לילדה רוקדת

תִּרְאִי אֶת הַיְּלָדוֹת בַּסְּטוּדְיוֹ לְרִקּוּד
מְסֻדָּרוֹת כְּמוֹ שׁוּרוֹת בְּפוֹאֶמָה
עַל מַטָּעֵי הַסֻּכָּר.
רֹאשָׁן מִתְיַשֵּׁר מוּל תְּלָמִים
שֶׁל אֲוִיר שָׁקוּף
וְהָאֶצְבָּעוֹת הֵן מַחֲרֵשָׁה פְּשׁוּטָה
שֶׁל גּוּף.
אֲנִי כּוֹתֵב אֶת הַשּׁוּרוֹת הָאֵלֶּה בְּיָד
הַנִּפְרֶשֶׂת כִּכְנַף צִפּוֹר.
מָחָר אַתְּ תִּרְקְדִי אוֹתָן בְּרֶגֶל
שֶׁתִּזְרַע בְּדִמְעָה וּבְרִנָּה תִּקְצֹר.

A Fifth Piece of Advice for a Dancing Girl

See the girls in the dance studio
Arranged like lines in an epic poem
About sugarcane groves.
Their heads straighten along furrows
Of translucent air
Where toes are the simple plough
Of the body.
I'm writing these lines with a hand
Spreading out like a bird's wing.
Tomorrow you shall dance them with a foot
That will sow a tear and reap a song.

פקקים

עַל תָּוִית גּוּפָה שֶׁל נ' רְשׁוּמָה שְׁנַת הַיִּצּוּר:
17 שָׁנִים הִיא שְׁפוּכָה בָּעוֹלָם
וּפִתְאוֹם אִמָּא שֶׁלָּהּ מְסָרֶבֶת לִסְלֹחַ.
''נִפְתַּח לָהּ הַחֹר'', הִיא אוֹמֶרֶת, ''נִסְגַּר לָהּ הַמֹּחַ''.
עֵינֵי הַזְּכוּכִית שֶׁל נ' מַבְרִיקוֹת מִדְּמָעוֹת,
בַּלֵּילוֹת הִיא מַצְלִיבָה עַל כִּסְאוֹת בָּרִים
רַגְלַיִם שְׁבוּרוֹת מֵרִקּוּד, רוֹאָה
אֵיךְ הַפְּקָק הַצָּרְפָתִי מִתְעוֹפֵף מִפִּי הַשַּׁמְפַּנְיָה,
אֵיךְ הַמֶּקְסִיקָנִי חָבוּשׁ כְּסוֹמְבְּרֶרוֹ עַל רֹאשׁ הַטָּקִילָה
וְהַגֶּרְמָנִי מְחַדֵּד הַשִּׁנַּיִם נוֹגֵס אֶת צַוַּאר הַבִּירָה.
''אִמָּא, בּוֹאִי תִּרְאִי'', הִיא רוֹצָה לִצְעֹק וּמְדַמְיֶנֶת מִיָּד
אֶת הַתְּשׁוּבָה: ''זֶה לֹא סְתָם פְּקָק, הַבְּתוּלִים הָאֵלֶּה,
זֶה הַנְּדוּנְיָה שֶׁלָּךְ''.

נ' חוֹזֶרֶת הַבַּיְתָה וּמַנִּיחָה אֶת נַעֲלֵי הָרִקּוּד
לְיַד הַמִּטָּה כְּמוֹ שְׁתֵּי נְשִׁיקוֹת עַל לְחִי הָרִצְפָּה.

Corks

On the label of N.'s body, the vintage year is written:
17 years she's been poured into the world
And suddenly her mother refuses to forgive.
"Her hole got opened," she says, "her mind got closed."
N.'s glassy eyes are shining with tears.
At nights, she crosses her dance-weary legs
While she sits on bar stools, watching
How the French cork flies from the champagne mouth,
How the Mexican is worn like a sombrero over the tequila's head,
And the German with the sharpened teeth is biting the beer's neck.
"Mom, come see," she wants to cry and imagines instantly
The answer: "This is not just a cork, this virginity.
This is your dowry."

N. returns home and sets her dance shoes down
Near the bed like two kisses upon the floor's cheek.

יופי טיפש

"...הו פילוסופים מהוללים בדברי ימי התרבות, הוגים נכבדים."
(פנחס שדה, מתוך: "בתחנה המרכזית בתל אביב,
אחר־הצהרים, ערב ראש השנה")

אַפְּלָטוֹן לֹא רָשׁוּם בְּפִנְקַס הַטֶּלֶפוֹנִים הַדָּחוּס בְּתִיקָהּ
וְהַלָּק בְּצִפָּרְנֵי הָרַגְלַיִם לֹא מַאֲדִים בְּזִכְרוֹנָהּ
חַיּוֹת מִיתוֹלוֹגְיָה. גַּם הַשֵּׂעָר הַנּוֹפֵל עַל צַוָּארָהּ
לֹא נוֹלַד מֵאַפְרוֹדִיטָה וְהַמִּכְחוֹל הַכָּחֹל בּוֹ פֵּסְלוּ
הַגַּלִּים שֶׁל בּוֹטִיצֶ'לִי בְּקֹשִׁי מַבְלִיט רִיסֵי טֶרֶף
בְּשְׁמוּרוֹת עֵינֶיהָ.
אֲבָל הִיא יָפָה, יֹפִי טִפֵּשׁ וְגָשׁוּם,
יֹפִי הַמַּתִּיז מַיִם הַמְּטַשְׁטְשִׁים אֶת הַכָּתוּב, מוֹחֲקִים
אֶת הַמְּצַיֵּר וְיוֹדְעִים שֶׁמֵּעֵבֶר לַפְּרָחִים הַמּוּגָנִים
מִתְפַּנֵּק עָלֶה סָגֹל בִּקְצֵה גִּבְעוֹל שֶׁל קוֹץ בָּר.
וּכְשֶׁהִיא תְּדַבֵּר אִתְּכֶם שִׁכְחוּ לְרֶגַע אֶת הַשָּׂפָה,
שִׁלְחוּ אֶת הַמִּלִּים לְמִכְלְאוֹת הַדִּקְדּוּק,
תְּנוּ לַמָּחוֹג הַגָּדוֹל בְּעִגּוּל פָּנֶיהָ לְתַקְתֵּק
אֶת הַדַּקָּה שֶׁאֵינָהּ שִׁפְחַת זְמַן.
אֲפִלּוּ שָׁעוֹן מְקֻלְקָל צוֹדֵק פַּעֲמַיִם בְּיוֹם.

Stupid Beauty

"… *Oh philosophers glorified by the chronicles of culture, honorable thinkers.*"
(Pinchas Sadeh from "In the Central Tel Aviv Bus Station, Afternoon, Rosh Hashana Eve")

Plato's not listed in the address book crammed into her purse,
And mythological creatures in her memory don't blush
From her toenails' red polish.
Even Aphrodite didn't inspire
Hair falling on her nape, and the blue brush
Carving Botticelli's waves
Hardly brings out lashes of prey
On her eyelids.
But she's beautiful, a muddy and stupid beauty,
A beauty that splashes water blurring the written, erases
The painted, and knows that beyond flowers protected by law
A purple petal is cuddling, swaying at the edge of a wild-thorn stem.
And when she speaks with you, forget about language for a moment.
Send the words into grammar's stall,
Let the big second hand in the circle of her face
Tick the minute, which is not time's slave.
Even a broken clock is right twice a day.

מול אפרודיטה

אַתְּ יְחֵפָה תָּמִיד, מוּכָנָה לְדֶרֶךְ עַל שְׁאֵרִיּוֹת הַמַּבָּט
שֶׁלְּחָלֵחַ בְּעֵינַי, כְּשֶׁרָאִיתִי אוֹתָךְ בַּפַּעַם הָרִאשׁוֹנָה –
תְּלוּיָה עַל בְּרִיסְטוֹל שָׁחֹר
מְהֻדֶּקֶת בָּאֶטֶב עַל גַּב כִּסֵּא,
מְעֻרְפֶּלֶת מִדִּבּוּרִים עַל מִכְחוֹלִים
וּמִיתוֹלוֹגְיָה.

אָה, עַכְשָׁו אַתְּ מְחַכָּה שֶׁאַגִּיד שֶׁלֹּא שָׁכַחְתִּי
אֶת הָרֶגַע הַהוּא.
אֲבָל מָה אֲנִי מֵבִין בְּשִׁכְחָה, בְּזִכָּרוֹן שֶׁהוּא לִפְעָמִים
בְּנָהּ הַפַּטְפְּטָן שֶׁל הַבְּגִידָה?
בַּקִּירוֹת שֶׁלְּיָדֵךְ, תָּלוּי יֵשׁוּ, תְּלוּיָה בְּטְנָהּ הַתְּפוּחָה
שֶׁל אִמּוֹ, תְּלוּיוֹת רוּחַ הַקֹּדֶשׁ וְהָרוּחַ הַמְּסַחְרֶרֶת אֶת
חִצֵּי הַקּוּפִּידוֹנִים.
אֲנִי מִסְתַּחְרֵר אִתָּהּ, בַּחֶדֶר הַשֵּׁנִי מִשְּׂמֹאל, בְּמִסְדְּרוֹן
הַקּוֹמָה הַשְּׁנִיָּה בְּאַרְמוֹן הָעֲשִׁירִים הַזֶּה,
מֵפְקָר מוּל קֶצֶף יָם שֶׁבָּגְדוּ בוֹ גַּלָּיו,
מוּל מְעַרְבֹּלֶת בָּהּ נִפְעֲרוּ עֵינַיִךְ,
מוּל אַלְמֻגֵּי צֶבַע בִּקְצֵה הַמִּכְחוֹל שֶׁלָּכַד אוֹתָךְ לְבַסּוֹף.

וְאַתְּ? אַתְּ מִתְרַחֶקֶת. רַגְלַיִךְ נוֹטוֹת כְּמוֹ הַמִּגְדָּל הַהוּא בְּפִּיזָה.
לְפָחוֹת לֹא זָקְפוּ מוּלֵךְ בְּרוֹשׁ כְּמוֹ זֶה שֶׁשָּׁתְלוּ לְיָדוֹ,
בְּרוֹשׁ שֶׁלֹּא חָלַץ אַף־פַּעַם אֶת נַעֲלֵי הֶעָקֵב
מִשָּׁרָשֵׁי רַגְלָיו.

In Front of Aphrodite

Always barefoot, you're ready to tread on what's left of the gaze
Moistening my eyes when I first saw you—
Hanging on black construction paper
Pinned with a clip to the back of a chair,
Blurred by discussions on brushes
And mythology.

Ah, now you're waiting for me to say I've not forgotten
That moment.
But what do I understand about forgetting, about memory that on
    occasion
Is the blabbering son of betrayal?
On nearby walls, hangs Jesus, hangs the swollen belly
Of his mother, hang the Holy Spirit and the spirit that swirls
Cupid's arrows.
I'm swirling with it in the second room on the left, in the corridor
On the second floor in this palace of the rich.
I'm abandoned to sea foam betrayed by its waves,
To the whirlpool in which your eyes were gaped,
To color-corals at the end of the brush that has finally captured you.

And you? You're getting further away. Your legs lean like that tower in Pisa.
At least, they haven't erected a cypress in front of you
    like the one they planted next to it,
A cypress that has never taken off high-heeled shoes
From the roots of its legs.

מאפיה של איש אחד

כְּשֶׁהַיָּרֵחַ מַנִּיחַ עַל אֶדֶן הַחַלּוֹן
אֶת שַׂקֵּי הָאוֹר שֶׁשָּׁדַד מֵהַשֶּׁמֶשׁ,
אֲנַחְנוּ מְשַׁחֲדִים אֲבָרִים מִבֶּרֶךְ עַד גַּבָּה,
גּוֹנְבִים יַהֲלוֹמֵי זֵעָה,
חוֹפְנִים יָד בְּתוֹךְ יָד
וּמִתְכַּוְּצִים בִּקְצֵה הַמִּטָּה כְּמוֹ מַאפְיָה
שֶׁל אִישׁ אֶחָד.

One-Man Mafia

When the moon lays on the windowsill the sacks
Of light it stole from the sun,
We bribe body parts from knee to brow,
Steal sweat diamonds
And shove fist into hand,
Shrinking at the bed's edge
Like a one-man
Mafia.

א"ב אלכוהולי

הַרְבֵּה זְמַן חִכָּה עַמִּיקָם לְאַפְּרִיל הַזֶּה.
סוֹף סוֹף אֶפְשָׁר לְהוֹצִיא רֹאשׁ מֵהַבַּיִת
וּלְהַבִּיט בְּמִצְחָהּ שֶׁל ג'וּלְיָה. הוּא יוֹדֵעַ שֶׁאִם יַקִּיף אוֹתָהּ
יִתְחַמְּמוּ לָהּ הַמְּנוֹעִים וְהִיא תִּשְׁלֹף פָּנִים מִמּוּסַךְ הַגּוּף כְּדֵי
שֶׁהוּא יַבְרִיק לָהּ אֶת פָּנָסֵי הָעֵינַיִם.
הֵם צַבִּים, וְא' מְסַפֵּר עֲלֵיהֶם כַּמָּה קִילוֹמֶטְרִים צְפוֹנִית מֵעַתְלִית.
קָרוֹב לְשָׁם יוֹרִים וְהַטַּבָּח מִבְּסִיס הַצַּנְחָנִים מַזְהִיר
שֶׁהַגָּדֵר צוֹעֶקֶת אֵשׁ. א' בָּטוּחַ שֶׁזּוֹ גֶּדֶר מִרְעֶה וְעוֹטֵף
עֲלֵי מַרְוָה כְּתַכְרִיךְ סְבִיב גּוּפוֹת הַסַּרְדִּינִים שֶׁהוּא מַמְשִׁיךְ
לִקְבֹּר בְּבֶטֶן הַלֶּחֶם.
ת' מְנַסָּה לְהִתְקַשֵּׁר לְאַבָּא שֶׁלָּהּ הַמְּלַוֶּה אֶת
הַכֹּחוֹת הָאָמֶרִיקָנִים בְּעִירָק, ד' שׁוֹתֶה עוֹדווֹדְקָה
כְּדֵי לִשְׁכֹּחַ אֶת הַיַּהֲלוֹם שֶׁמָּכַר תְּמוּרַת לְגִימַת מַיִם
בַּיָּמִים שֶׁהָאִינְסְטֶלָטוֹרִים הָיוּ אַנְשֵׁי אֶס. אֶס.
י' כְּבָר בַּקַּמְפָּרִי הַשְּׁלִישִׁי, ע' נִשְׁבַּעַת שֶׁהַוִּיסְקִי
לֹא מֵזִיז לָהּ, ד' מְנַסֵּחַ אֶת חֹק הַקּוֹנְיָאק, וו' מְצַלֶּמֶת אֶת אֶלְיוֹט
קוֹטֶפֶת חַמְצִיץ שֶׁיַּטְבִּיעַ סוֹפִית אֶת הָעַרַק בְּתַחְתִּית הַגָּרוֹן.
קָרוֹב לָהָר, כְּבָר אָמַרְתִּי, עֲדַיִן יוֹרִים. הַטֶּלֶפוֹן לְעִירָק מִתְנַתֵּק,
הָאֲנָשִׁים הָהֵם מַמְשִׁיכִים לִצְעֹד לד' בָּרֹאשׁ וא' קוֹטֵף
עוֹד עָלֶה שֶׁיַּמְתִּיק אֶת לְוָיַת הַסַּרְדִּין הַמַּמְתִּינָה לָנוּ
בַּפֶּה.
רַק הָהָר עָלָיו אָנוּ יוֹשְׁבִים מְחַכֶּה לָרוּחַ שֶׁתָּבוֹא לִתְלֹשׁ
אֶת תַּחְתּוֹנֵי הֶעָלִים שֶׁהִלְבִּישׁ הַגֶּשֶׁם מִמֶּרֶץ
עַל עַנְפֵי הָעֵצִים.

Alcoholic Alphabet

Amikam waited a long time for this April.
At last, he can stick his head out of the house
And peek at Julia's forehead. If he surrounds her,
He knows her engines will warm up
And she'll draw a face out from the body's garage
So he can polish her eyebeams.
They're turtles, and A. tells about them a few kilometers north of Atlit.
Nearby, they're shooting, and the army cook warns
The border fence is yelling *fire*. A. believes it's a pasture fence and is
     wrapping
Sage leaves like a shroud around sardine corpses he continues
To bury in the bread's belly.
Z.'s trying to call her father, who's with
The American forces in Iraq, D.'s drinking another vodka
To forget the diamond he sold for a drink of water
In the days when plumbers were SS men.
Y.'s already on the third Campari, E. swears whiskey
Doesn't give her a buzz, D. comes up with the Law of
     Cognac, and V.'s taking a picture of Elliot
Picking a soursop that'll finally drown
The arrack at the bottom of her throat.
Near the mountain, as I've already said, they're still shooting. The call
     to Iraq is cut off,
Those people are still marching in D.'s head, and A.'s picking
Another leaf to sweeten the sardine's funeral awaiting us
In the mouth.
Only the mountain we're sitting on is waiting for the wind to shear off
The leafy briefs, which the March rain has put on
Branches of the trees.

הערת שוליים לפואמה הפדגוגית

אַחֲרֵי שֶׁאִמָּא שֶׁל ש' סִפְּרָה שֶׁבְּנָהּ נִשְׁפַּךְ עַל דֶּלְפֵּק בָּר
לְיַד הַיָּם בְּתֵל־אָבִיב הֶחְלִיטָה הַיּוֹעֶצֶת לְהַזְהִיר.
הִיא מִלְּאָה מַבְחֵנָה אַחַת בְּווֹדְקָה, אֶת הַשְּׁנִיָּה בְּמַיִם
וְנָתְנָה לִשְׁתֵּי תּוֹלָעִים לָצוּף שָׁם. הָרִאשׁוֹנָה מֵתָה אַחֲרֵי
כַּמָּה דַּקּוֹת וְהַשְּׁנִיָּה הִמְשִׁיכָה לִשְׂחוֹת.
כְּשֶׁשָּׁאֲלָה מָה הַמַּסְקָנָה עָנָה ש' שֶׁבְּבִטְנָם שֶׁל
שׁוֹתֵי הַווֹדְקָה רֵיקָה מִתּוֹלָעִים.
אַחֲרֵי שֶׁי' שָׂם צְפַרְדֵּעַ בִּמְגֵרַת הַשֻּׁלְחָן
שֶׁל הַמּוֹרָה לְסִפְרוּת הִפְסִיקוּ לְסַפֵּר אַגָּדוֹת
עַל נְסִיכִים מְכֻשָּׁפִים.
אַחֲרֵי שֶׁס' הֶחְבִּיאָה בְּתַחְתּוֹנֶיהָ פְּתָקִים
עִם סִפּוּר יַחֲסָהּ שֶׁל אַנְטִיגוֹנָה לְהֵימוֹן
לֹא הִרְשׁוּ לַבָּנוֹת לָשֶׁבֶת בַּבְּחִינוֹת
בְּמִכְנָסַיִם קְצָרִים.
אַחֲרֵי שָׁנִים ש' מוֹכֵר דֶּלֶק בַּתַּחֲנָה שֶׁאָבִיו הֵקִים
וּמְחַלֵּק עִתּוֹן לְמִי שֶׁמְּמַלֵּא בְּיוֹתֵר מִשְּׁמוֹנִים שְׁקָלִים,
י' תּוֹפֵר שִׂמְלוֹת כַּלָּה,
ס' הִתְחַתְּנָה עִם הַיֶּלֶד הֲכִי טוֹב בַּכִּתָּה וַאֲנִי מְשַׁעֵר
שֶׁתַּחְתּוֹנֶיהָ רֵיקִים מִפְּתָקִים יְוָנִיִּים.

הוֹ תַּלְמִידִים, סַרְגְּלֵי פְּלַסְטִיק בְּקַלְמָרֵי בַּד,
עֶפְרוֹנוֹת מְכֻרְסָמֵי רֹאשׁ וְכִתְמֵי חֲלֻדָּה עַל רַגְלֵי מְחוּגָה.
אֲנִי עֲדַיִן מוֹדֵד אֶת עָבְיֵי הַמִּלִּים שֶׁאַתֶּם כּוֹלְאִים
בִּלְבָבוֹת מְקֻשְׁקָשִׁים עַל הַסֶּנְטִימֶטְרִים הַיְּרֻקִּים
בְּשֻׁלְחַן בֵּית הַסֵּפֶר.

A Footnote to a Pedagogical Poem

After V.'s mother said her son crashed over the counter at a bar
Near Tel Aviv beach, the guidance counselor issued a warning.
She filled up a test tube with vodka, and another one with water,
And let two worms float there. The first one died after
A few minutes and the second one continued to swim.
When she asked what this meant, V. answered that the stomach of
Vodka drinkers is worm-free.
After Y. put the frog in the English teacher's
Desk, no more fables were told
About enchanted princes.
After S. hid notes in her panties
About Antigone's relation to Haemon,
Girls were no longer allowed to sit for exams
In their shorts.
Years later, V.'s selling gas at a station his father built
And gives free newspapers to those who fill up more than twenty
        dollars' worth.
Y.'s making bridal dresses,
S. has married the best kid in the class, and I assume
Her panties are free from Greek notes.

Oh students, plastic rulers in fabric pouches,
Chewed-on pencil heads and rusty compass legs.
I'm still measuring the width of words you enclose
In graffiti hearts etched on the green centimeters
Of the school desk.

דרמת כיור המטבח

כֻּלָּם בָּעֲיָרָה הָיוּ שְׁחֹרִים. הָרַכֶּבֶת הָאַחֲרוֹנָה כְּבָר
יָצְאָה וּמַזְלְגוֹת עֵינַיִם נִנְעֲצוּ בְּקָצֶפֶת עוֹרִי הַלָּבָן.
בַּחֲנוּת הַקְּרוֹבָה קָנִיתִי מִשְׁחַת נַעֲלַיִם וּמָרַחְתִּי אֶת עַצְמִי
עַד שֶׁפְּקִיד הַקַּבָּלָה בַּמּוֹטֶל לֹא שִׁנָּה אֶת
הָאַנְגְּלִית הַשְּׁחֹרָה שֶׁבְּפִיו, כְּשֶׁהֶרְאָה לִי חֶדֶר.
"תָּעִיר אוֹתִי מָחָר בְּשֶׁבַע. בְּשֶׁבַע וָחֵצִי הָרַכֶּבֶת שֶׁלִּי
יוֹצֵאת". הוּא הֵעִיר אוֹתִי בְּשֶׁבַע וְעֶשְׂרִים , וּבְקֹשִׁי
הִגַּעְתִּי לַתַּחֲנָה.
כֻּלָּם הִבִּיטוּ בִּי וְנִזְכַּרְתִּי בַּמִּשְׁחָה. נִסִּיתִי, בְּאֶצְבְּעוֹת רַכּוֹת,
לְהָסִיר אוֹתָהּ. גַּם אֶצְבָּעוֹת קָשׁוֹת יוֹתֵר לֹא הֵזִיזוּ לָעוֹר,
וְאָז הֵבַנְתִּי שֶׁפְּקִיד הַמּוֹטֶל הֵעִיר
מִישֶׁהוּ אַחֵר.

בֹּקֶר טוֹב שִׁירָה
הַמְשִׁיכִי לְהָעִיר אוֹתִי מְאֻחָר,
סִפְגִי מִשְׁחַת נַעֲלַיִם שְׁחֹרָה לְתוֹךְ
עוֹרִי וְהַזְרִימִי מִלִּים לְדְרָמַת כִּיּוֹר הַמִּטְבָּח.
שָׁם, שִׁקְשׁוּק הַמַּיִם יִרְחַץ שְׁאֵרִיּוֹת עֹנֶג
שֶׁהֵנִיחָה אִשְׁתִּי בְּצַלַּחַת הַמָּרָק
וְהַכַּפּוֹת יִשְׁכְּחוּ לְרֶגַע אֶת מִנְהֶרֶת הַפֶּה
שֶׁנִּפְעַר לִקְרָאתָן.
עוֹר הוּא עוֹר,
וּמִשְׁחַת הַכֵּלִים תַּבְרִיק אֶת צִפָּרְנֵי בִּתִּי
כְּמוֹ הָיוּ פָּנָסֵי רַכֶּבֶת הָרִים בַּלּוּנָה־פַּרְק
שֶׁל יַלְדוּתִי.

Kitchen Sink Drama

Everybody in town was black. After the last train left,
Their forklike eyes stabbed the whipped cream of my white skin.
In a nearby store, I bought shoe polish and smeared it on
So that the motel clerk no longer changed
The Black-English he spoke when he showed me to a room.
"Wake me up tomorrow at seven. At seven-thirty my train
Is leaving." He woke me up at seven-twenty, and I barely
Made it to the station.
Everybody stared at me and I remembered the polish. With soft fingers,
    I tried
To remove it. But even rough fingers wouldn't get it off.
It's then I realized the clerk woke up
Somebody else.

Good morning poetry.
Continue to wake me up late,
Absorb black shoe polish into my skin and
Turn on a torrent of words into this kitchen sink drama.
There, wobbles of water will wash away leftover
Pleasure my wife put in the soup bowl,
And for a moment spoons will forget the mouth's tunnel
Gaping towards them.
A skin's a skin,
And the dish soap will gloss my daughter's fingernails
As if they were rollercoaster lights in the amusement park
Of my childhood.

28 בדצמבר

נוֹלַדְתִּי בַּיּוֹם בּוֹ הֻמְצָא הַקּוֹלְנוֹעַ. בַּגִּלְגּוּל הַקּוֹדֵם
הָיִיתִי הַמַּקֵּל שֶׁל צַ'רְלִי צַ'פְּלִין, תַּחְתּוֹנֶיהָ שֶׁל
מֶרִילִין מוֹנְרוֹ, הָאֶקְדָּח שֶׁל גֵּרִי קוּפֶּר, גַּלְגַּל
בְּאוֹפַנּוֹעוֹ שֶׁל גֵּ'ימְס דִּין.
מֵאָז אֲנִי נוֹדֵד, שׁוֹמֵר עַל מְקוֹמוֹת קְדוֹשִׁים,
רוֹצֶה לִירוֹת בְּמִי שֶׁנִּמְלַט וּמְאֹהָב בִּנְשִׁיקַת
הָאַסְפַּלְט.
יוֹם אֶחָד, אוּלַי,
אֶעֱשֶׂה מִזֶּה סֶרֶט.

December 28

I was born on the day cinema was invented. In my previous life,
I was Charlie Chaplin's cane, Marilyn Monroe's
Panties, Gary Cooper's pistol, a wheel
On James Dean's motorcycle.
Ever since then I wander, guard holy places,
Want to shoot fugitives, and I'm in love with the kiss
Of asphalt.
One day, perhaps,
I'll make a movie out of it.

ארֶרֶט אקספרס

לבני אפרת

אַף אֶחָד לֹא צִפָּה מֵהַסּוּסִים לִזְכֹּר אֶת הַמַּבּוּל.
מַסְמֵר הַזְּמַן הֶחְלִיד בַּפַּרְסָה שֶׁעָה שֶׁאֱלֹהִים
שִׁחְרֵר אֶל הָעוֹלָם אֶת הַצְּעָקָה הָרְטוּבָה.
מֵאָז דָּהֲרוּ עַל גַּבָּם לוֹחֲמִים,
נָדְדוּ עַמִּים
וְשׁוֹט הָרוּחַ הִצְלִיף שְׁעָטָה בְּרַגְלָם.
לָכֵן אֲנִי מְבַקֵּשׁ מֵחֲבֵרַי בְּפַּרְלָמֶנְט הַחֲמוֹרִים
לְקַפֵּל אֶת זְנַב הַגַּאֲוָה בֵּין הָרַגְלַיִם הָאֲחוֹרִיּוֹת
וּלְהַצִּיעַ לְאַחֵינוּ הַסּוּסִים לִהְיוֹת מִשְׁמַר כָּבוֹד
בַּיּוֹם שֶׁבּוֹ נוֹבִיל מָשִׁיחַ.
רַק אֲכָף צָרוּב מֵעֵין הַשֶּׁמֶשׁ וְשָׂרוּט מִנְּדוּדִים
יְשַׁכְנֵעַ אוּלַי אֶת הַקֶּשֶׁת הַהִיא מֵעַל הָאֲרָרָט
לְקַשְׁקֵשׁ מֵחָדָשׁ אֶת פְּנֵי הָעֲנָנִים.

Ararat Express

For Benny Efrat

No one expected the horses to remember the Flood.
Time's nail had rusted in the horseshoe when God
Let the wet shout go into the world.
Ever since warriors upon their backs thundered ahead,
Nations wandered
And the wind's whip snapped a gallop into their legs.
I therefore ask my friends in the donkeys' parliament
To hide pride's tail between hind legs
And offer our brothers, the horses, to be honor guard
On the day we lead a messiah.
Only a saddle scorched by sun and scratched by wanderings
Will perhaps convince that rainbow over Ararat
To splash anew the face of the clouds.

שקוף

טַיֵּיב לוֹמֵד סִפְרוּת בְּאוּנִיבֶרְסִיטַת תֵּל־אָבִיב.
יֵשׁ לוֹ תִּיק עִם סֵפֶר דִּקְדּוּק וְחִבּוּר
עַל מַחְמוּד דָּרְוִישׁ.
הַתִּיק שָׁקוּף כִּי בַּקַּיִץ הַזֶּה עִם תִּיק אַחֵר,
בְּעֵינֵי הָרֶנְטְגֶן שֶׁל כָּל שׁוֹטֵר, הוּא מְסֻמָּן
כְּמַחְבִּיא פְּצָצָה.
"אֲפִלּוּ זֶה", אַבָּא שֶׁלּוֹ אוֹמֵר, "אִינְשַׁלְלָה,
עוֹד מְעַט יֵרֵד בַּכְּבִיסָה", וְתוֹלֶה עַל חֶבֶל הַזְּמַן
בְּגָדִים שֶׁנִּרְחָץ מֵהֶם כֶּתֶם בּוּשָׁה. אֲבָל
הַחַיִּים צְרִיכִים גַּם לָלֶכֶת לַשּׁוּק וְהוּא הוֹלֵךְ אִתָּם
לִקְנוֹת זֵיתִים בְּעַרְבִית מְדֻבֶּרֶת וְלִכְתֹּב עֲלֵיהֶם
שִׁירִים בְּעַרְבִית סִפְרוּתִית.
בֵּינְתַיִם, טַיֵּיב גָּלוּי לָעַיִן. הָעוֹר הַמָּתוּחַ עַל יָדָיו
אֵינוֹ מַסְתִּיר אֶת פַּקְעוֹת הַשְּׁרִירִים,
אֶת הַסְּחוּס הַגָּמִישׁ בָּרֶוַח שֶׁבֵּין הָעֲצָמוֹת
וְאֶת צִנּוֹרוֹת הַדָּם שֶׁבְּתוֹכָם
יָכוֹל שַׁחְיַן הַיֵּאוּשׁ לַחְתֹּר שָׁכוּר
אֶל הַסֵּכָּה, עָלֶיהָ תָּלוּ הַמַּצִּילִים
דֶּגֶל שָׁחֹר.

קיץ 2001

Transparent

Tayeb studies literature at Tel Aviv University.
He has a backpack with a grammar book and an essay
On Mahmoud Darwish.
The pack's transparent because this summer with a different pack,
In the x-ray eyes of every cop, he'd be marked
As hiding a bomb.
"Even this," says his father, "*inshallah*,
Will soon wash off," and he hangs the laundry
Cleaned from stains of shame on Time's clothesline. But
Life still needs to go to the market, and Tayeb goes
With it to buy olives in spoken Arabic
And to write poems about it in literary Arabic.
For the time being, Tayeb has nothing to hide. The taut
Skin on his arms doesn't conceal bundles of muscles,
Flexible cartilage between bones,
And blood vessels, within which the swimmer of despair
Can swim in a frenzy towards the platform,
Upon which the lifeguards hung
A black flag.

Summer 2001

זה

זֶה שֶׁהַמֹּחַ הוּא הָרַמְטְכָּ"ל שֶׁל הַגּוּף
זֶה שֶׁהַגּוּף מַסְתִּיר תַּאֲוָה בִּמְעָרַת הָעֶרְוָה
זֶה שֶׁהָעֶרְוָה מַרְטִיבָה אֶת שִׂפְתֵי הַשָּׁבוּי
זֶה שֶׁהַשָּׁבוּי הוּא שֵׁן שְׁבוּרָה בַּפֶּה שֶׁצָּעַק אֶת הַפְּקֻדָּה
זֶה שֶׁהַפְּקֻדָּה אֵינָהּ יוֹדַעַת גְּבוּל
זֶה שֶׁהַגְּבוּל מָתוּחַ כְּגֶרֶב
זֶה שֶׁהַגֶּרֶב שׁוֹתֵק
זֶה שֶׁהַשְּׁתִיקָה מְפוֹרֶרֶת חוּטִים מִפַּקְעוֹת הַמִּלִּים
זֶה שֶׁבַּמֹּחַ תְּקוּעוֹת הַמִּלִּים כְּגָדֵר
וְשֶׁאַחֲרֵיהֶן לֹא נִשְׁאַר עַל מַה לְּדַבֵּר.

That

That the brain's the general of the body
That the body conceals lust in the pubic cave of nakedness
That the nakedness moistens the captive's lips
That the captive is a broken tooth in the mouth that shouted the
      command
That the command doesn't recognize a border
That the border's stretched like a sock
That the sock is silent
That the silence wears down threads from the skein of words
That the words are stuck in the brain like a fence
Beyond which nothing's left to address.

אברהם בדרך לעקדה

חֲגוֹרַת הַנֶּפֶץ תִּקְתְּקָה
עַל גּוּפוֹ הַמְּפֻחָד
וּמִבְּאֵרוֹת הָעֵינַיִם שֶׁהֶבְרְגוּ לוֹ
בְּאוֹתוֹ בֹּקֶר טִפְטְפוּ
דִּמְעוֹת הַפְּרֵדָה מִיִּצְחָק.
עוֹד מְעַט הָהָר, הַמִּזְבֵּחַ
וּפְנֵי הַצֶּמֶרְגֶּפֶן שֶׁל הַמַּלְאָכִים.
מַזָּל שֶׁרֶגַע לִפְנֵי הַפִּיצוּץ
הִזְכִּיר לוֹ אֱלֹהִים שֶׁיֵּשׁ
אֱלֹהִים.

Abraham on the Way to the Sacrifice

The explosives belt was ticking
On his terrified body,
And from the wells of eyes screwed into him
That very morning there dripped
Farewell tears for Isaac.
Soon there are the mountain, the altar
And the cotton-wool faces of the angels.
Luckily, a minute before the blast
God reminded him there is
A God.

לנגוס את יופייה

לזכר נועה אורבך

וְאָז בָּא בָּחוּר אֶחָד, גָּבוֹהַּ, וְאָמַר שֶׁהָיָה
מַזְמִין אֲרוּחוֹת שְׁלֵמוֹת בַּ"בּוּרְגֵרָאנְץ" בּוֹ עָבְדָה
רַק בִּשְׁבִיל לִנְגֹּס אֶת יָפְיָהּ.
מוֹתָהּ הֶחְלִיב אֶת שִׁנָּיו וְהוּא כְּבָר לֹא קוֹרֵעַ
שַׂקִּיּוֹת קְטַנּוֹת כְּדֵי לִשְׁפֹּךְ מִתּוֹכָן
קֶטְשׁוֹפּ עַל בָּשָׂר שֶׁהִתְיַתֵּם
בְּבֶטֶן לַחְמָנִיָּה.
בַּחוּץ בִּשֵּׁל חַמְסִין שֶׁל יוּנִי אֶת סִיר הָרְחוֹב, כַּף
קַרְנֵי הַשֶּׁמֶשׁ בָּחֲשָׁה בָּרֹאשׁ כְּמוֹ בְּקַעֲרַת מָרָק,
וְזִכְרָהּ כַּשֶּׁמֶן הָרוֹתֵחַ מַמְשִׁיךְ לַהֲפֹךְ
גֹּלֶם תַּפּוּחַ־אֲדָמָה לְפַרְפַּר צִ'יפְּס
שֶׁיִּמָּלַח מִדִּמְעָה.

Biting into Her Beauty

In memory of Noah Orbach

And then came this tall guy and said he had been
Ordering large meals at Burger King where she was working
Just to bite into her beauty.
Her death milkened his teeth. He no longer rips
Little packets in order to squirt
Ketchup on meat, now orphaned
In the belly of a bun.
Outside, a dry June wind heated the pot of the street,
A spoon of sun was stirring in his head as in a bowl of soup,
And memory of her was like oil boiling and turning
A cocoon potato into butterfly fries
To be salted by a tear.

אלמוני

הֵיכָן זוֹ שֶׁנִּשְׁלְפָה מִזְּרוֹעוֹ כְּלַהַב מִבֶּטֶן אוֹלָר
וְקִלְּפָה אַהֲבָה מִגּוּפוֹ הַחַי?
הַמַּלְאָךְ הַמְּרַחֵף יָרָה חֵץ. עֵץ הַתְּשׁוּקָה נִשְׁתַּל
בָּאֲדָמָה הַחוּמָה שֶׁל עֵינָיו, וּמַעְדֵּר הַגַּעְגּוּעִים הָפַךְ בָּהּ
וְהָפַךְ.
אֲנִי מַעְתִּיק לָהּ מִמּוֹדַעַת הַמִּשְׁטָרָה אֶת 'קִיּוּמוֹ':
קוֹמָתוֹ: 172 ס"מ.
מִבְנֵה גּוּפוֹ: רָזֶה.
צֶבַע עֵינָיו: חוּם־יָרֹק.
שְׂעָרוֹ: קָצָר וְחָלָק.
עַל זְרוֹעַ יָמִין: קַעֲקוּעַ פֶּלֶג גּוּף עֶלְיוֹן שֶׁל אִשָּׁה.
עַל כָּתֵף יָמִין: קַעֲקוּעַ שֶׁל קוּפִּידוֹן.
גּוּפָתוֹ נִמְצְאָה בִּרְחוֹב יְדַעְיָה הַפְּנִינִי בְּתֵל־אָבִיב.

הוֹ הָעֵצִים הַחֲלוּלִים, יָכֹלְתִּי לְהַגִּיד כָּאן,
לְצַיֵּר בִּדְיוֹ אֶת נְשִׁירַת הֶעָלִים,
אֶת הַחוֹל בְּעֵינֵי הַשָּׁרָשִׁים
וְהַמָּוֶת, כְּמוֹ יוֹרֶה, יָבוֹא לְהַתִּיז רְסִיסֵי
מַיִם עַל דֶּשֶׁא חַיָּיו הַמְּעֻלָּף כְּשָׁרָב.

John Doe

Where's she who sprang from his arm like a blade from the pocket-
       knife's belly
And peeled love from his living body?
The floating angel shot an arrow. The tree of passion got planted
In the brown earth of his eyes, and the tiller of longing turned
And turned.
I copy for her from the police bulletin "his existence":
His height: 5'7".
His build: Thin.
His eyes: Brown-green.
His hairstyle: Short and straight.
On right arm: A tattoo of a woman's torso.
On right shoulder: A tattoo of cupid.
His body found on Yeda'aya HaPnini Street in Tel Aviv.

Oh, hollow trees, I could've said here,
Draw with ink the fallen leaves,
Draw sand in the roots' eyes
And death, like first rain, will sprinkle beads
Of water on his life's lawn, faint with heat.

מחתרת הֶחלב

הַיְּלָדִים שֶׁיֵּצְאוּ מֵהַמְּקָרֵר הָרֵיק
יְגַלְגְּלוּ פַּחֵי זֶבֶל וְיִנַּקְּרוּ אוֹר
מֵעֵינֵי פָּנָסֵי הָרְחוֹב.
בַּחֹשֶׁךְ הַגָּדוֹל יַבְרִיקוּ הָרְקוּבוֹת שֶׁבַּשִּׁנַּיִם,
יִנָּעֲצוּ בַּחֲתוּלִים מְפֻטָּמִים, יִנְקוּ מִלְּשׁוֹנָם
שְׁאֵרִיּוֹת שַׁמֶּנֶת.
וְהַשַּׁמֶּנֶת, גְּבֶרֶת מְגֻנְדֶּרֶת, שָׁכְחָה מִזְּמַן
אֶת עֲטִינֵי הַפָּרָה שֶׁטִּפְטְפָה
אוֹתָהּ אֶל הָעוֹלָם.
בַּבֹּקֶר תִּזְרַח הַשֶּׁמֶשׁ, צִפּוֹרִים
יְבַשְּׂרוּ סְתָו, וְאֵין מִי שֶׁיְּקָרֵב אֶת
הַשּׁוּרוֹת הָאֵלֶּה לָאַף
לְהָרִיחַ אֶת מַחְתֶּרֶת הֶחָלָב.

The Milk Underground

The kids coming out of the empty fridge
Will roll trash cans and poke light
Out of the street lamps' eyes.
In the great darkness, the most rotten tooth
Will gleam biting into overstuffed cats,
Will suck leftover cream from their tongues.
And the cream—fancy lady—has long since forgotten
The teats of the cow that dripped
Her into this world.
In the morning, the sun will rise, birds
Will announce the fall, and there's no one there to bring
These lines around for the nose
To smell the milk underground.

אדון אושוויץ

קָשֶׁה לְהָמֵס מֵהַזִּכָּרוֹן אֶת גּוּשׁ הַקֶּרַח הַכָּחֹל שֶׁקָּפָא בְּעֵינָיו,
אֶת הַמִּסְפָּרִים שֶׁקִּעְקְעוּ בִּזְרוֹעוֹ
וְאֶת הַחֲגוֹרָה שֶׁהִצְלִיף בָּאִשָּׁה שֶׁהָיְתָה אִתּוֹ שָׁם
וְעַכְשָׁו שׁוֹתֶקֶת בַּמִּרְפֶּסֶת.
"חֲבָל", הָיָה קוֹלוֹ חוֹתֵךְ, "שֶׁהִיטְלֶר לֹא עָבַד שָׁעוֹת נוֹסָפוֹת",
וְהַקַּקְטוּסִים בָּעֲצִיצִים הָיוּ מִתְחַדְּדִים כְּגִדְרוֹת הַתַּיִל
שֶׁל הַמַּחֲנֶה מִמֶּנּוּ בָּרַח.
אֶת הַקֶּצֶף שֶׁנִּגַּר מִבְּאֵר פִּיו הַמֻּרְעָל הָיָה מְנַגֵּב
בַּדֶּגֶל שֶׁהָיָה תָּלוּי מִיּוֹם עַצְמָאוּת אֶחָד לְיוֹם הָעַצְמָאוּת הַבָּא.
"אֲדוֹן אוֹשְׁוִיץ" צָעַקְנוּ כְּשֶׁבָּאוּ לָקַחַת אוֹתוֹ לְבֵית הַמְּשֻׁגָּעִים,
וְהוּא עוֹד הִסְפִּיק לְהַכְנִיס יָד לַכִּיס וּלְקַלֵּף
אֶת הַצֶּלוֹפָן מֵהַסֻּכָּרִיּוֹת שֶׁזָּרַק לְעֶבְרֵנוּ.

Mr. Auschwitz

It's difficult to melt away from memory the chunk of blue ice frozen in
    his eyes,
The numbers tattooed on his arms
And the belt he used to whip the woman who'd been there with him,
Now keeping silent on the balcony.
"A pity," his voice used to cut, "that Hitler didn't work extra hours."
And the potted cacti stuck out like the barbed fences
Of the camp he had fled.
The foam spilling out of the well of his poisonous mouth, he used to
    wipe
With the flag hanging there from one Independence Day to the next.
"Mr. Auschwitz," we shouted when they took him away to the asylum,
And he managed to put his hand into a pocket and peel off
Cellophane from the candies he threw at us.

מוכה

הָאֲרָיוֹת לֹא שׁוֹאֲגִים בַּיַּעַר לְיַד בֵּיתָהּ,
וְהַכִּפּוֹת הָאֲדֻמּוֹת לֹא תָּלוּ סְרָטִים
צְהֻבִּים סְבִיב גִּזְעֵי הָעֵצִים.
רַק עֲנָפִים צוֹמְחִים שָׁם וְנוֹפְלִים,
וּכְשֶׁאִמָּא שֶׁלָּהּ שׁוֹלַחַת אוֹתָהּ, הִיא מַעֲדִיפָה
לֶאֱסֹף אֶת הַדַּקִּים, הַפָּחוֹת מַכְאִיבִים.
כְּמוֹ כִּבְשָׂה הִיא חוֹלֶמֶת שֶׁיַּעַקְרוּ כְּבָר אֶת
שִׁנֵּי הַטֶּרֶף מִפִּי הַזְּאֵבִים אוֹ לְפָחוֹת
שֶׁיִּשָּׂרֵף הַיַּעַר.
אֲבָל הִיא אוֹהֶבֶת אֶת אִמָּהּ יוֹתֵר מִשֶּׁהִיא
שׂוֹנֵאת אֶת הַמַּכָּה, וְהִיא חוֹזֶרֶת עִם
הָעֲנָפִים הֶעָבִים שֶׁתָּמִיד שׁוֹתְלִים הֲנָאָה
בַּיָּד הַמַּרְבִּיצָה. הִיא בַּת 10, אִמָּא שֶׁלָּהּ בַּת
זוֹנָה, וְלַסִּימָנִים הַמַּכְחִילִים בְּשֶׁקֶט לֹא חוֹגְגִים
אַף פַּעַם יוֹם הֻלֶּדֶת.

Beaten

The lions don't roar in the forest by her home,
And Red Riding Hoods don't tie yellow
Ribbons around tree trunks. There, only branches grow
And fall, and when her mother sends her out,
She wants to gather thin ones, the less painful ones.
Like a sheep she dreams someone
Will have pulled out
Canines from the mouth of wolves
Or at least set the forest on fire.
But she loves her mother more than she hates the blow,
And she comes back with
Thick branches that always plant pleasure
In the beating hand. She is 10, her mother is
A bitch, and bruises that turn blue in silence—no one
Ever celebrates their birthday.

גיליוטינה

(או: ד"ש למשורר צעיר)

אִם בְּיוֹם מִן הַיָּמִים תִּפְגֹּשׁ אֶת הַצָּרְפָתִי, הָאַנְגְלִי וְהַגֶּרְמָנִי
שֶׁהוּבְאוּ לַגִּילְיוֹטִינָה, זְכֹר!
הַצָּרְפָתִי בִּקֵּשׁ שֶׁיָּנִיחוּ אֶת פָּנָיו
כְּלַפֵּי מַעְלָה כְּדֵי שֶׁיּוּכַל לְהִסְתַּכֵּל לַמָּוֶת בָּעֵינַיִם,
הָאַנְגְלִי רָצָה לִקְבֹּר אֶת מַבָּטוֹ בָּאֲדָמָה
וְאֵצֶל שְׁנֵיהֶם נִתְקְעָה הַסַּכִּין
סֶנְטִימֶטֶר לִפְנֵי שֶׁרֹאשָׁם שָׁר
שִׁיר פְּרֵדָה לְגוּפָם.
כְּשֶׁשָּׁאֲלוּ אֶת הַגֶּרְמָנִי בְּאֵיזֶה כִּוּוּן לְהָנִיחוֹ
הוּא עָנָה: "קֹדֶם כֹּל תַּקְּנוּ אֶת הַגִּילְיוֹטִינָה".
וְאַתָּה,
אַל תִּשְׁכַּח לְהַיְשִׁיר עֵינַיִם אֶל תּוֹךְ עֵינָיו
וּלְהַגִּיד לוֹ שֶׁלֹּא כְּדַאי אַף פַּעַם לְתַקֵּן אֶת מִי
שֶׁרָצְתָה לְהַתִּיז אֶת מַחְשְׁבוֹתֶיךָ,
שֶׁצָּרִיךְ לָתֵת לָהּ לַחְלֹם עַל
זִקּוּקֵי הַדִּי־נוּר שֶׁל הַמִּלָּה דָּם,
גַּם אִם תַּחְלִיט לַעֲצֹר סֶנְטִימֶטֶר לִפְנֵי
הַפְּגִישָׁה הַבִּלְתִּי מְנֻמֶּסֶת עִם
הָעֹרֶף אוֹ
הַגָּרוֹן.
זְכֹר!
הַגִּילְיוֹטִינָה יְכוֹלָה לִהְיוֹת קְטַנָּה כְּמוֹ הַמִּסְפָּרַיִם
בָּהֶן קָצַצְתָּ צִפָּרְנַיִם שֶׁשָּׂרְטוּ,
בְּשִׁיר הָאַהֲבָה שֶׁלְּךָ אֶת צַוַּאר הַדַּף.

Guillotine (or *In Regards to a Young Poet*)

If one of these days you meet the Frenchman, Englishman, and
     German,
All brought to the guillotine, remember!
The Frenchman requested they put him facing
Upward to look death in the eye;
The Englishman wanted to bury his gaze into the ground.
With both the blade got stuck
An inch before their head sang
A farewell song to their body.
When they asked the German in what direction to put him,
He answered: "First of all, fix the guillotine."
And you,
Don't forget to stare straight into his eyes
And tell him it's not worth fixing her who wanted
To behead your thoughts,
But you should let her dream about
The fireworks of the word *blood*,
Even if she decides to stop an inch before
This "impolite encounter" with
The nape or
Throat.
Remember!
The guillotine can be as small as clippers
You used to clip fingernails
That in your love poems scratched
A page's neck.

ססאר ואייחו או 12 שורות על לחם החרפה

בַּשּׁוּרָה הַשְּׁלִישִׁית אוּלַי תִּרְתַּח דִּמְעָה בְּתַנּוּרֵי הָעַיִן
כְּשֶׁתֵּדְעוּ שֶׁאָסַף בַּקְּבוּקִים בָּרְחוֹבוֹת
כְּדֵי לִחְיוֹת.
אֶפְשָׁר לְדַמְיֵן אֶת קִדַּת הַגַּב, אֶת הַיָּד הַנִּשְׁלַחַת
לְצַוַּאר הַזְּכוּכִית, אֶת הַפְּרוּסָה שֶׁנֶּחְתְּכָה מִלֶּחֶם הַחֶרְפָּה.
מֵאוֹתָהּ זָוִית קָשֶׁה לִשְׂבֹּעַ אֲפִלּוּ מֵרַגְלַיִם פָּרִיזָאִיּוֹת
הַמִּדַּבְּקוֹת לְיַרְכֵי הַבַּחוּרוֹת שֶׁאֱלֹהִים צָחַק אִתָּן
בַּחֲדַר הַלֵּדָה.
וְאַתָּה, אֲדוֹנִי שַׂר הָרָעָב, אַל תַּגִּיד שֶׁבְּבִטְנוֹ הָרֵיקָה
נֶאֶפוּ שִׁירָיו, אַל תַּזְכִּיר שֶׁהַיֹּפִי מַצְלִיף בַּחִטָּה לִפְנֵי
שֶׁתַּנּוּרֵי הַגֵּיהִנּוֹם מְגַלְגְּלִים מִמֶּנָּה לֶחֶם. אֶפְשָׁר הָיָה
לַחְלֹם שֶׁהוּא צִפּוֹר, וּלְהַשְׁאִיר פֵּרוּר עַל אֶדֶן הַחַלּוֹן.

César Vallejo or 12 Lines on the Bread of Shame

On the third line, a tear may boil in the ovens of the eye
When you learn he collected bottles in the streets
For a living.
One can imagine the back bowing, the hand reaching out
To the glass neck, the slice being cut from the bread of shame.
From this angle, it's hard to be sated even by Parisian legs
Joined at the hips of girls with whom God was laughing
In the delivery room.
And you, Mr. Hunger Minister, don't say that within his empty
    stomach
His poems were baked, don't remind us that beauty whips wheat before
The ovens of hell turn it into bread. One could have dreamt
He was a bird, and left a crumb on the windowsill.

שיר אהבה לויסלבה שימבורסקה

"הֵבֵאתָ תְּמוּנָה שֶׁל הַיַּלְדָּה שֶׁלְּךָ?"
הִיא שׁוֹאֶלֶת, וּבֶחָלָל הַפֶּה צוֹמְחוֹת לִי
עוֹד שִׁנַּיִם בִּשְׁבִיל לִלְעֹס אֶת
הָרֶגַע הַזֶּה.
"בּוֹא נִשְׁתֶּה עוֹד קוֹנְיָאק", הִיא מְנִיפָה
אֶת קוֹלָהּ כְּאִלּוּ הָיָה מַגָּל הַקּוֹצֵר חִטָּה,
כְּדֵי לֶאֱפוֹת מִלִּים וְלִפְרֹס לֶחֶם
הַמִּתְאַהֵב אֲפִלּוּ בַּסַּכִּין.
עַל הַשֻּׁלְחָן נָחִים פִּלְחֵי מַרְמֶלָדָה
כְּעָלִים שֶׁנִּשְׁרוּ לְתוֹךְ צַלַּחַת.
הֶעָלִים הָאֲמִתִּיִּים תְּלוּיִים עַל עֲצֵי קְרָקוֹב
עֲטוּפִים בְּצֶלוֹפָן עֲרָפֶל שֶׁבָּא לְהַמְתִּיק עֶרֶב.

A Love Poem for Wisława Szymborska

"Did you bring a photo of your daughter?"
She asks, and in my mouth's cavern more teeth are growing
To chew this very moment.
"Let's have another cognac," she raises
Her voice as if it were a scythe reaping wheat
For baking words and slicing bread
That falls in love even with the knife.
On the table marmalade slices are resting
Like leaves fallen onto the plate.
The real leaves hanging on trees in Kraków
Are wrapped in a cellophane of mist
That came to sweeten the evening.

משפטי שדה. שירי טבע

Field Sentences: Nature Poems

חמישה ברושים

בעקבות ציור של ריקה שלו

חָמֵשׁ לֶהָבוֹת יְרֻקּוֹת נִדְלָקוֹת לְאֹרֶךְ הַדֶּרֶךְ.
הַגִּבְעָה שֶׁמֵּאָחוֹר מִתְקַפֶּלֶת כְּבֶרֶךְ שֶׁל שִׁפְחָה
לִפְנֵי מֶלֶךְ.
צִפּוֹר סְמוּיָה מִן הָעַיִן
מְכַוֶּצֶת כָּנָף,
וּבְשִׁנֵּי מַגְרֵפַת הַשֶּׁמֶשׁ נִנְעָץ עָלֶה
הַמְּאַפֵּר אֶת פְּנֵי הָאֲדָמָה כְּנֶמֶשׁ.
מַה נַּעֲשֶׂה עִם הַיֹּפִי הַזֶּה שֶׁפָּרַשׂ אֱלֹהִים
כְּמַפָּה עַל שֻׁלְחָן צְדָדִי בְּאוּלַם הַחֲתֻנּוֹת
הַקָּרוּי "טֶבַע"?
אוּלַי נְקַפֵּל אוֹתוֹ לְגֹדֶל שֶׁל מַפִּית
וְנַסְתִּיר בְּכִיס חֲלִצָּה לַיּוֹם בּוֹ נִרְצֶה
לַעֲטֹף אֶת שִׁבְרֵי הַכּוֹס שֶׁנִּמְחֲצָה
מִתַּחַת לַחֻפָּה.

Five Cypresses

Following a painting by Rika Shalev

Lit along the path are five green flames.
The hill behind is bending like a maidservant's knee
Before a king.
A bird hidden from the eye
Constricts a wing,
And in the teeth of the sun's rake a leaf is poked
Touching up the earth's face like a freckle.
What shall we do with this beauty God has spread
Like a tablecloth on a side table in the wedding hall
Called "nature"?
Perhaps we'll fold it to the size of a handkerchief
And hide it in a shirt's pocket for a day we may wish
To wrap pieces of the glass that was crushed
Underneath the canopy.

הפרפרים ממונטה סאן סוינו

בְּבַת־אַחַת בָּאוּ פַּרְפָּרִים אֶל רֹאשׁ הַבְּרוֹנְזָה
שֶׁל הַמְּשׁוֹרֵר ג'וּלְיוֹ סַלְבָדוֹרִי.
אֵינִי מַכִּיר עֲדַיִן אֶת שִׁירָיו, אֲבָל אַחֲרֵי
שֶׁמַּטְלִית רְטֻבָּה מוֹחֶקֶת טִפּוֹת קָפּוּצִ'ינוֹ
מֵרָאשֵׁי הַפַּרְפָּרִים הַמֻּטְבָּעִים עַל מַפּוֹת הַפְּלַסְטִיק
בְּקָפֶה "דֶּה לָה לוּנָה", אֲנִי בָּטוּחַ שֶׁאֶחָד כָּזֶה
רִחֵף בְּשִׁירָיו.
כְּמוֹ מָתֶמָטִיקַאי אֲנִי מְצַמְצֵם אֶת הַמֶּרְחָק
בֵּין פֶּרַח לַשֶּׁמֶשׁ, מַכְפִּיל בִּשְׁנֵי אִשָּׁה
הַמִּתְעַלְּסוֹת עַל קְצֵה עוּגָה, מְחַלֵּק בִּשְׁתֵּי עֵינָיו
שֶׁל סַלְבָדוֹרִי וְשׁוֹמֵעַ אֵיךְ כַּנְפֵי הַפַּרְפָּרִים
מִתְנוֹפְפוֹת כִּמְחִיאוֹת כַּפַּיִם.

Butterflies from Monte San Savino

All at once, butterflies came to the bronze head
Of the poet Giulio Salvadori.
I'm not yet familiar with his poems, but after
A wet rag wipes off drops of cappuccino
From the heads of butterflies etched on the plastic tablecloths
At the café "De La Luna," I'm sure one of them
Was floating in his poem.
Like a mathematician, I reduce the distance
Between flower and sun, multiplying by a woman's teeth
Making love at a cake's edge, dividing by the two eyes
Of Salvadori and hearing how the wings of butterflies
Are flapping like applause.

שחרור

מַקּוֹר הַשַּׁחֲרוּר מַצְהִיב מְפַחֵד
כְּשֶׁמִּשְׁטֶרֶת הַשֶּׁמֶשׁ מְאוֹתֶתֶת בֵּין עֲלֵי שַׁלֶּכֶת.
שְׁרִיקָתוֹ הַחַדָּה כַּתַּעַר מַרְעִידָה חֲזִיָּה
בָּהּ מְקַנְּנוֹת פִּטְמוֹת נַעֲרָה
שֶׁבָּאָה לִגְנֹב שְׁעַת יַעַר.

Blackbird

The blackbird's beak turns yellow with fear
When the sun's siren flashes among the fall leaves.
His shriek, sharp as a razor, vibrates a bra
In which are nesting the nipples of a girl
Who came to steal an hour of forest.

שני שחרורים

שְׁנֵי שַׁחֲרוּרִים עַל חֶבֶל כְּבִיסָה.
זְנָבָם מוּנַף כְּדֶגֶל
שֶׁעָה שֶׁמְּקוֹרָם חוֹקֵר
בְּתַחְתּוֹנֵי אִשָּׁה.
אִם הָיָה תָּלוּי שָׁם גֶּרֶב
הֵם הָיוּ מְלַמְּדִים אוֹתוֹ אֵיךְ לְעַנֵּג כַּף רֶגֶל
בְּנוֹצָה אַחַת, שְׁחֹרָה.

Two Blackbirds

Two blackbirds on a laundry line.
Their tails are lifted like banners
While their beaks explore
A woman's panties.
Had a sock been hanging there
They'd have taught it how to pleasure
A foot with one, black feather.

מתחת להר הגעש אתנה והרהור על אלוהים כגדול הבמאים הארוטיים

.1

הַגְּבָעוֹת סְבִיב הַפִּסְגָּה מְחַכּוֹת לַצֵּל שֶׁיִּפֹּל
מִתַּחַת לָרִיסִים הַנֶּעֱצָמִים בְּעֵינֵי הַשֶּׁמֶשׁ,
לִגְנִיחָה מְדַּרְדֶּרֶת שֶׁל אֶבֶן בַּזֶּלֶת
וְלַלָּבָה שֶׁתְּטַפְטֵף עַל גּוּפָן
אוֹרְגַזְמָה שֶׁל מַלְאָכִים.
אֲנִי מְצַלֵּם אוֹתָן בַּפִּילְם בּוֹ לָכַדְתִּי
בְּסוֹף הַקַּיִץ, בַּגָּלִיל, אֶת גֶּגֶרָל חָצָב
מֵנִיף שַׁרְבִיט סְתָו,
אֶת עִשְׂבֵי הַפֶּרֶא שֶׁהִסְתַּלְסְלוּ עַל
נְקִיק נַחַל בְּמִדְבַּר יְהוּדָה,
וְאֶת צַמּוֹת הַחוֹל שֶׁקָּלְעוּ הַדְּיוּנוֹת
בְּחוֹף הַמִּתְרַחֲצוֹת הָעֲרוּמוֹת שֶׁהִצְהִיב
בְּסֵפֶר הַוִּדּוּיִים שֶׁל נוּאֵיבָּה.

.2

הַזּוֹנוֹת בְּשׁוּלֵי הָאַסְפַלְט נִבְרְאוּ
בַּיּוֹם הַשְּׁמִינִי לִכְבוֹד קִצְרֵי הָרֹאִי
שֶׁמֵּעוֹלָם לֹא עָזְבוּ אֶת פֶּתַח בֵּיתָם.

Beneath the Etna Volcano and a Meditation on God as the Greatest Erotic Director

1
Around the summit the hills are waiting
For the shadow that'll fall
Beneath the closing eyelashes of the sun's eyes,
For the tumbling moan of basalt stone,
And for lava to drip orgasms of angels
On their bodies.
I'm taking their picture on the same roll I captured
General Squill raising autumn's wand,
At summer's end in the Galilee,
The wild weed curling
Along a river's crevice through the Judean desert.
Sand braided by the dunes
On the naked-women sunbathers'
Beach turned yellow
In the confession book of Nuweiba.

2
The curbside whores were created
On the eighth day for the short-sighted
Who'd never left their home's threshold.

משפטי רחוב. שירי עיר

Street Sentences: City Poems

בגדד

בְּאוֹתוֹ גִּיר בּוֹ מְסַמֵּן שׁוֹטֵר גּוּפָה בְּזִירַת הָרֶצַח
אֲנִי מְסַמֵּן אֶת גְּבוּלוֹת הָעִיר בָּהּ נוֹרוּ חַיַּי.
אֲנִי חוֹקֵר עֵדִים, סוֹחֵט לָהֶם מֵהַשְּׂפָתַיִם
טִפּוֹת עֲרַק וּמְחַקֶּה בְּהִסּוּס צַעֲדֵי רִקּוּד
שֶׁל פִּתָּה עַל קַעֲרַת חוּמוּס.
כְּשֶׁיִּתְפְּסוּ אוֹתִי יְנַכּוּ לִי שְׁלִישׁ עַל הִתְנַהֲגוּת טוֹבָה
וְיִכְלְאוּ אוֹתִי בִּפְרוֹזְדוֹר גְּרוֹנָהּ שֶׁל סָלִימָה מוּרָד.
בְּמִטְבַּח הַכֶּלֶא תְּטַגֵּן אִמִּי אֶת הַדָּג שֶׁאִמָּהּ
שָׁלְתָה מִמֵּי הַנָּהָר, וּתְסַפֵּר עַל הַמִּלָּה "דָּגִים"
שֶׁהִתְנוֹסְסָה עַל שֶׁלֶט עֲנָקִי בְּפֶתַח מִסְעָדָה חֲדָשָׁה.
מִי שֶׁאָכַל שָׁם קִבֵּל דָּג בְּגֹדֶל שֶׁל סִכָּה עַד
שֶׁאַחַד הַלָּקוֹחוֹת בִּקֵּשׁ מִבַּעַל הַמָּקוֹם לְהַקְטִין
אֶת הַשֶּׁלֶט אוֹ לְהַגְדִּיל אֶת הַדָּג.
הַדָּג יִדְקֹר בְּעַצְמוֹתָיו, יַטְבִּיעַ אֶת
הַיָּד שֶׁמָּרְטָה אֶת קַשְׂקַשָּׂיו וַאֲפִלּוּ
שֶׁמֶן רוֹתֵחַ עַל מַחֲבַת הַחֲקִירָה
לֹא יוֹצִיא מִפִּיו מִלָּה מַפְלִילָה.
הַזִּכָּרוֹן הוּא צַלַּחַת רֵיקָה, מְצַלֶּקֶת מִשְּׂרִיטוֹת
סַכִּין עַל עוֹרָהּ.

Baghdad

With the same chalk a policeman outlines a body in a crime scene
I outline the borders of the city my life was shot into.
I interrogate witnesses, extort out of their lips
Drops of arrack and imitate with hesitation the dance moves
Of pita over a bowl of hummus.
When they capture me, they'll take a third off for good behavior
And lock me up in the corridor of Salima Murad's throat.
In the prison's kitchen, my mother would fry the fish her mother
Pulled out of the river, and she'd tell about the word "fish"
Displayed on a huge sign over the new restaurant's door.
Whoever dined there got a sliver of fish until
One of the customers asked the owner to reduce
The sign or enlarge the fish.
The fish will prick his bones, will drown
The hand that scrapes its scales.
Even boiling oil on the interrogation pan
Wouldn't get an incriminating word out of its mouth.
The memory's an empty plate, scarred with a knife's scratches
On its skin.

קטמנדו. מעל שדות האורז

מֵעַל שְׂדוֹת הָאֹרֶז
מַזְהִיב רֹאשׁוֹ שֶׁל בּוּדְהָא.
בַּדִּמְעָה הַנִּסְתֶּרֶת בְּעֵינָיו
נֶאֱגָר גֶּשֶׁם לְכָל הַשָּׁנָה.
עַל צַלַּחַת הַכִּכָּר פְּזוּרִים
גַּרְגְּרֵי אָדָם. פְּנֵיהֶם חִוְּרִים
כֶּחָלָב הַמִּטַּלְטֵל בַּעֲטִינֵי פָּרָה קְדוֹשָׁה.
"שָׁלוֹם אֲדוֹנִי הַמֶּלֶךְ", אֲנִי צוֹעֵק לָאֶוֶרֶסְט,
וְהוּא מְנַקֶּה שְׁאֵרִיּוֹת עָנָן מֵעַפְעַפָּיו,
נוֹתֵן לָרוּחַ לְהַרְחִיק חוֹל שֶׁדָּבַק בְּבִטְנוֹ,
וּלְרֶגַע נֶעֱמַד גֵּאֶה עַל קְצוֹת אֶצְבְּעוֹתָיו.
מִזְּמַן לֹא הִזְכִּירוּ לוֹ שֶׁהוּא דֻּגְמַן הָרִים
בִּתְצוּגַת הָאָפְנָה שֶׁל אֱלֹהִים.

Katmandu: Above the Rice Fields

Above the rice fields
Buddha's head turns golden.
Within the tear hidden in his eyes
A whole year's rain gathers.
Scattered on the public square's plate
Are crumbs of people, their faces as pale
As milk sloshing in a holy cow's teats.
"Good morning, your majesty," I call out to Mount Everest.
And he wipes away what's left of clouds from his eyes,
Lets the wind take off sand stuck to his belly,
And for a moment proudly stands on tiptoe.
It's been long since he's been reminded he's the mountain's model
In God's fashion show.

ברצלונה. ציפור על מעקה מרפסת

למנואל פורקנו

הִיא לֹא מְבַשֶּׂרֶת אֶת הָאָבִיב וְלֹא בָּרוּר לָהּ
אִם אַרְצוֹת הַקֹּר אוֹ אַרְצוֹת הַחֹם.
הִיא גַּם לֹא בָּאָה לִלְעֹג לַפְּלָדָה
שֶׁבְּנֵי אָדָם מַתִּיכִים כְּדֵי שֶׁאֲוִירוֹן
יָרִים אוֹתָם לְגֹבַהּ נוֹצוֹתֶיהָ.
הִיא רַק מְזַנֶּקֶת כִּמְנָיָה
בְּבּוּרְסַת הַזָּהָב שֶׁל הָעִיר שֶׁנִּבְרְאָה
אַחֲרֵי מְנוּחַת צָהֳרַיִם אֲרֻכָּה בִּמְיֻחָד.

Barcelona: A Bird on Balcony's Railing

For Manuel Forcano

She's not announcing spring and she's not clear about
The lands of warmth or lands of cold.
She's also not scorning the steel
People are forging so that a jet
Will lift them to her feathers' height.
She's only soaring like a share in the gold
Stock exchange of the city that was brought about
After a siesta especially drawn out.

סן־פרנציסקו. סונטה על העיר שנשארה בלי מנעולים

בָּעִיר הַזֹּאת הַשָּׁמַיִם לֹא חוֹשְׁשִׁים
לְהַפְשִׁיל אֶת
שׁוּלֵי הָעֲנָנִים.

צְעִיף הֶעָלִים
לֹא מְכַסֶּה אֶת
צַוַּאר הָעֵצִים.

דַּלְתוֹת הַיָּם כְּחַלּוֹת לְרַאֲוָה,
וּבַחֲנוּת הַמַּנְעוּלִים אוֹמֶרֶת הַמּוֹכֶרֶת שֶׁלֹּא
נִשְׁאֲרָה סְחוֹרָה.

"אָז לָמָּה", אֲנִי שׁוֹאֵל אוֹתָהּ, "אַתְּ נִשְׁאֶרֶת
בַּחֲנוּת רֵיקָה?"
וְהִיא עוֹנָה שֶׁאִם הָיָה נִשְׁאַר לָהּ אֶחָד

הָיְתָה נוֹעֶלֶת
וְיוֹצֵאת מִיָּד.

San Francisco: A Sonnet on a City Left Without Locks

In this city, the sky has no problem
Rolling up
The clouds' hem.

The veil of leaves
Doesn't cover up
The neck of trees.

The sea doors are openly azure
And in the lock store, the clerk's saying,
The items are gone.

"Then why," I ask her, "are you staying
In an empty store?"
She says that if she still had one

She'd lock up
And go out at once.

תל־אביב בלילה

תּוֹרִידִי אֶת הָרֹאשׁ וְנִרְאֶה לָךְ אֶת הָעֹרֶף,
תַּדְלִיקִי אֶת הַתַּנּוּר וְנַתְחִיל שׁוּב אֶת הַחֹרֶף.
גַּהֲצִי סְדִינֵי אַסְפַלְט מִקִּמְטֵי הַנְּסִיעָה,
אַתְּ כְּבָר רִהַטְתְּ רְחוֹבוֹת בִּצְעָקָה.

תִּלְשִׁי אֶת הַכַּפְתּוֹר מֵחֻלְצַת הַדִּמּוּיִים,
זִכְרִי שֶׁהַמֵּטָפוֹרָה הִיא
גַּם קַרְטוֹן מָלֵא בֵּיצִים.

תִּרְאִי אֶת הַחֶלְמוֹן מַצְהִיב
כְּשֶׁמֶשׁ בְּגִבְעוֹן,
אָחִיו, אֲדוֹן חֶלְבּוֹן, מַלְבִּין אֶת הַיָּרֵחַ
עַל דֶּרֶךְ אַיָּלוֹן.

אָז בּוֹאִי וְנַחְלִיק רִקּוּד
אֶל תּוֹךְ אוֹתָהּ מַחֲבַת
וְעַל טִפּוֹת הַשֶּׁמֶן נַרְתִּיחַ עוֹד מִשְׁפָּט.

Tel Aviv at Night

Bend down your head and let's see your nape,
Turn on the stove and let's start winter again.
Iron the wrinkles of this route
    Off the asphalt sheets,
You already dressed the streets
    With a shout.

Pluck off the button from the blouse of similes,
Remember the metaphor
Is also a carton full
    Of eggs.

Look at the yoke yellowing
Like the sun in Gibeon,
Its brother, Mr. Eggwhite, whitens
Like the moon on highway Aijalon.

Let's glide into dance
Into the same frying pan glaze,
And in this oil fry another phrase.

Ronny Someck was born in Baghdad in 1951 and came to Israel as a young child. He studied Hebrew literature and philosophy at Tel Aviv University and drawing at the Avni Academy of Art. He has worked with street gangs, and currently teaches literature and leads creative writing workshops. He has published eleven volumes of poetry and two books for children with his daughter Shirly. His work has been translated into forty-one languages.

He is recipient of the Prime Minister's Award, Yehuda Amichai Award for Hebrew poetry, Ramat Gan prize for poetry, the "Wine Poem Award" in Struga Poetry Evenings, Macedonia, 2005 and Hans Berghuis prize for poetry 2006 in the Maastricht International Poetry Nights, Holand. In 2012, he has been awarded the Cross of The Order of The Knights for a Distinguished Service of Poland. In 2014, he has been awarded the Knight of the Order of Arts and Letters of France.

Hana Inbar is a native Israeli and the daughter of Yossel Birstein, a noted Israeli writer. She and Robert have also co-translated a book of Yossel's flash fiction stories, *And So is the Bus, Jerusalem Stories* to appear in early 2016.

Robert Manaster is a poet as well as co-translator. His own poems have appeared in many journals including *Rosebud, Spillway, Image, International Poetry Review*, and *The Literary Review*. Currently he is an Assistant Editor for *Fifth Wednesday Journal*.

The Cliff Becker Book Prize in Translation

"Translation is the medium through which American readers gain greater access to the world. By providing us with as direct a connection as possible to the individual voice of the author, translation provides a window into the heart of a culture."
—Cliff Becker, May 16, 2005

Cliff Becker (1964–2005) was the National Endowment for the Arts Literature Director from 1999 to 2005. He began his career at the NEA in 1992 as a literature specialist, was named Acting Director in 1997, and in 1999 became the NEA's Director of Literature.

The publication of this book of translation marks the culmination of work he had done in support of his personal passion for ensuring the arts are accessible to a wide audience and not completely subject to vagaries of the marketplace. During his tenure at the NEA, he expanded support for individual translators and led the development of the NEA Literature Translation Initiative. His efforts did not stop at the workplace, however. He carried out his passion in the kitchen as well as the board room. Cliff could often be seen at home relaxing in his favorite, worn-out, blue T-shirt, which read, "Art Saves Me!" He truly lived by this credo. To ensure that others got the chance to have their lives impacted by uncensored art, Cliff had hoped to create a foundation to support the literary arts which would not be subject to political changes or fluctuations in patronage, but would be marked solely for the purpose of supporting artists, and in particular, the creation and distribution of art which might not otherwise be available. While he could not achieve this goal in his short life time, now, seven years after his untimely passing, his vision has become manifest.

In collaboration with White Pine Press and the Cliff Becker Endowment for the Literary Arts, the Creative Writing Program at the University of Missouri, together with his surviving wife and daughter, has launched an annual publication prize in translation in his memory. The Cliff Becker Book Prize in Translation will produce one volume of literary translation in English, annually, beginning in the fall of 2012. It is our hope that with on-going donations to help grow the Becker Endowment for the Literary Arts, important artists will continue to touch, and perhaps save, lives of those whom they reach through the window of translation.